0

zero

noll

10

dieci

tio

20

venti

tjugo

30

trenta

trettio

40

quaranta

fyrtio

50

cinquanta

femtio

60

sessanta

sextio

70

settanta

sjuttio

80

ottanta

åttio

90

novanta

nittio

100

cento

ett hundra

1000

mille

ett tusen

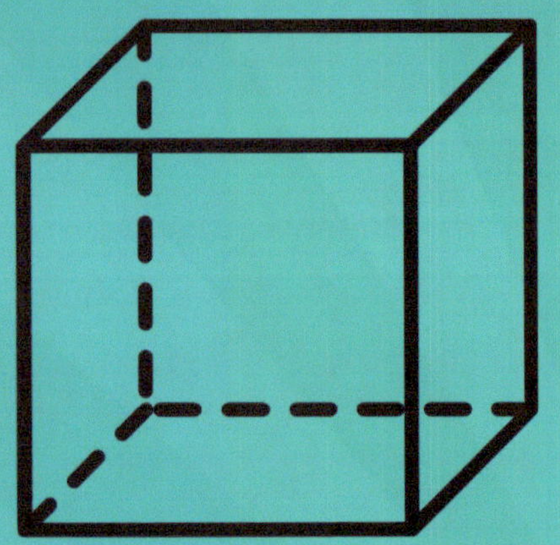

cubo

kub

blocco

block

cubetto di ghiaccio

isbit

caramello

karamell

zucchero

socker

dadi

tärningar

confezione regalo

presentask

scatola di cartone

kartonglåda

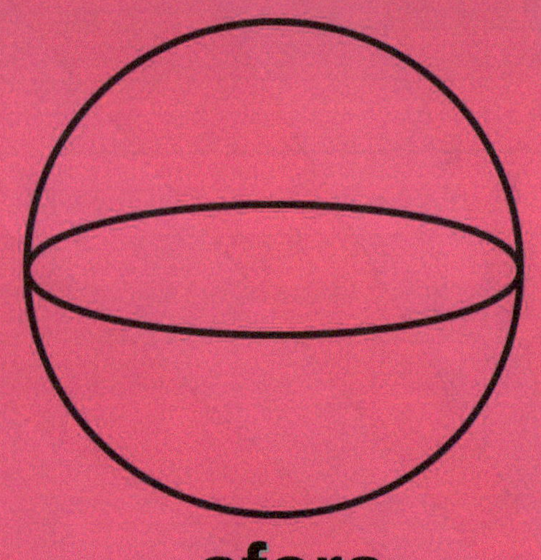

sfera

sfär

pallina di gelato

glasskula

perla

pärla

bolla

bubbla

biglie

kulor

pianeta

planet

palla di neve

snöboll

pallina da tennis

tennisboll

cilindro

cylinder

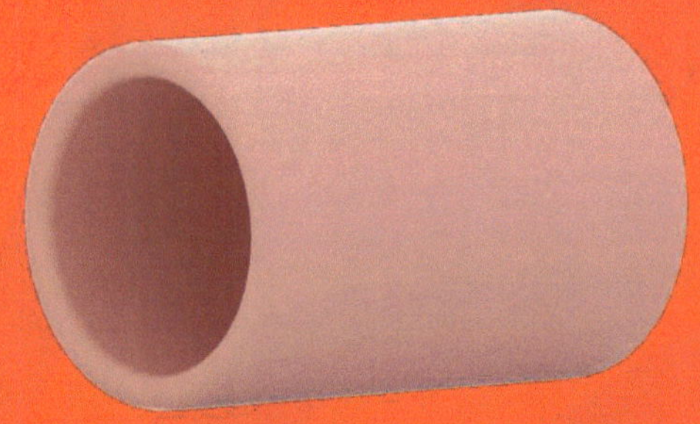

tubo

rör

batterie

batterier

rocchetto di filo

trådspole

cannella

kanel

mattarello

kavel

salsiccia

korv

balla di fieno

höbal

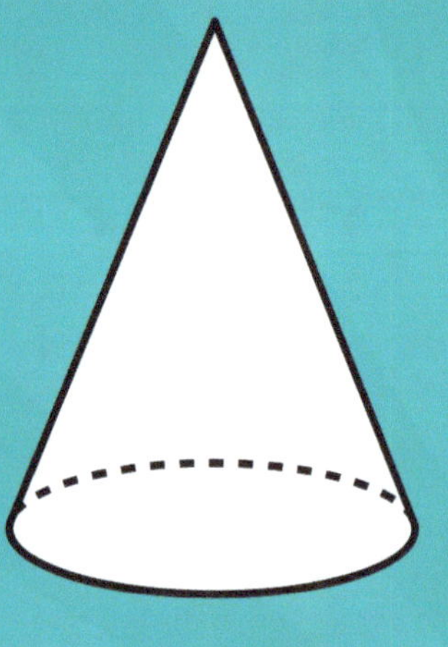

cono

kon

cono stradale

vägkon

cono gelato

glasstrut

cappello da strega

häxhatt

maschio di castello

fängelsehåla

abete

gran

cappello da festa

partyhatt

lumaca

snigel

mora

björnbär

ribes

vinbär

clementina

klementin

durian

durian

frutto del drago

drakfrukt

giaco

jackfrukt

carambola

stjärnfrukt

asparago

sparris

ravanello

rädisa

fagiolo rosso

kidneyböna

rapa

rova

manioca

kassava

patata dolce

sötpotatis

ceci

kikärtor

aquila

örn

pipistrello

fladdermus

castoro

bäver

fenicottero

flamingo

corvo

korp

merlo

koltrast

cinciarella

blåmes

gazza

skata

rondine

svala

allodola

lärka

parrocchetto

parakit

picchio

hackspett

pavone

påfågel

pappagallo

papegoja

tucano

tukan

cicogna

stork

corallo

korall

anemone di mare

havsanemon

riccio di mare

sjöborre

cavalluccio marino

sjöhäst

pesce pagliaccio

clownfisk

pesce rosso

guldfisk

granchio

krabba

paguro

eremitkräfta

delfino

delfin

narvalo

narval

polpo

bläckfisk

calamaro

bläckfisk

squalo balena

valhaj

orca

späckhuggare

balenottera azzurra

blåval

beluga

vitval

squalo martello

hammarhaj

squalo bianco

vithaj

squalo limone

citronhaj

squalo tigre

tigerhaj

cavalletta

gräshoppa

bruco

larv

scorpione

skorpion

lucertola

ödla

dinosauri

dinosaurier

capelli neri

svart hår

capelli rossi

rött hår

capelli castani

brunt hår

capelli biondi

blont hår

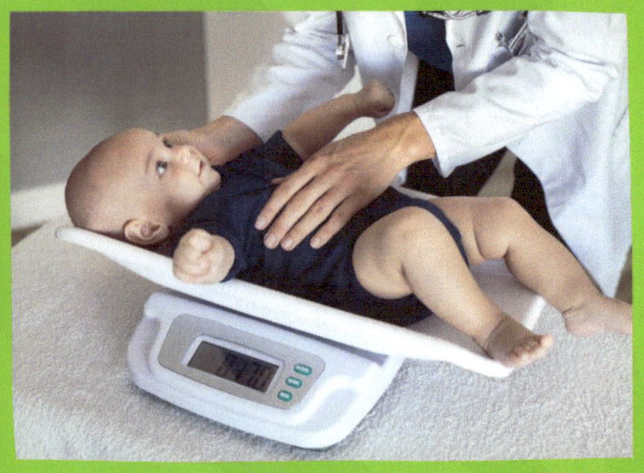

bilancia

våg

ospedale

sjukhus

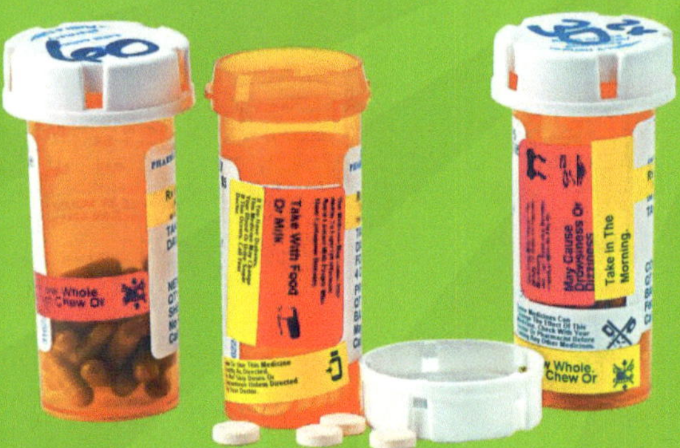

medicina

medicin

termometro

termometer

benda

bandage

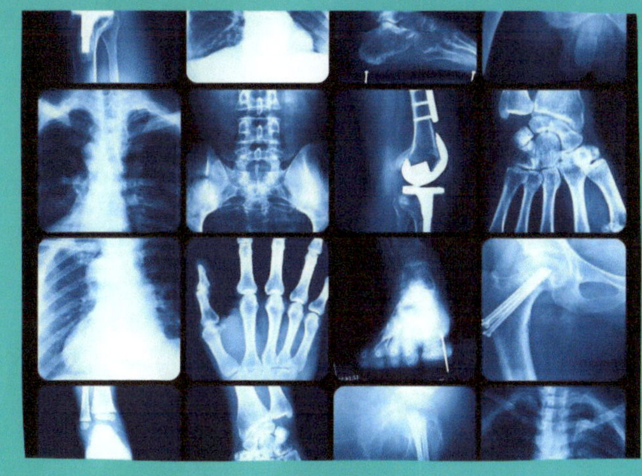

raggi x

röntgen

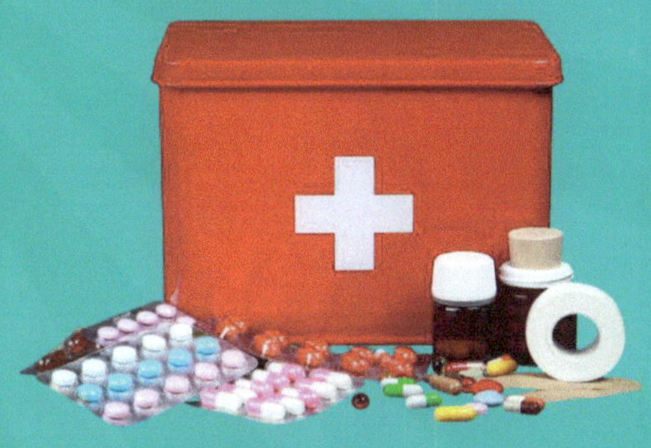

dottore

läkare

kit di primo soccorso

första hjälpen-kit

giocare

leka

disegnare

rita

contare

räkna

scrivere

skriva

danza

dans

nuoto

simning

sci

skidåkning

pallacanestro

basketboll

tennis

tennis

tennis da tavolo

bordtennis

calcio

fotboll

equitazione

ridning

hockey su ghiaccio

ishockey

judo

judo

pugilato

boxning

corsa

löpning

baseball

baseboll

cricket

cricket

rugby

rugby

pallavolo

volleyboll

maracas

maracas

tamburello

tamburin

xilofono

xylofon

violino

fiol

pianoforte

piano

chitarra

gitarr

violoncello

cello

arpa

harpa

tamburo

trumma

djembe

djembe

batteria

trumset

tromba

trumpet

corno

horn

sassofono

saxofon

flauto

flöjt

cuffie

hörlurar

cantare

sjunga

spartiti

noter

microfono

mikrofon

www.ingramcontent.com/pod-product-compliance
Lightning Source LLC
Chambersburg PA
CBHW041624110726

48005CB00002B/487